Gereimte Gedanken

*Ja, das Schreiben und das Lesen,
das ist stets mein Fach gewesen;
denn schon als ich ein noch Kind war,
fand ich das Schreiben wunderbar.*

*Auch war ich Schweinezüchter nie,
Potz Donnerwetter Parapluie!
War stets ein Freund der Poesie,
ein Züchter war ich nie!*

Ja…

*Mein idealer Lebenszweck
ist Schreiben, ist Poesie,
mein idealer Lebenszweck
ist Schreiben, ist Poesie,
ist Schreiben und Poesie!*

Das ist nicht der Text, den der Schweinezüchter Zsupán in der Operette „Der Zigeunerbaron" von Johann Strauß singt, obwohl er zu der Musik passen würde.
Es klingt nur ähnlich…

Juergen von Rehberg

Gereimte Gedanken

*Bibliografische Information der Deutschen National-
bibliothek:*
*Die Deutsche Nationalbibliothek verzeichnet diese
Publikation in der Deutschen Nationalbibliografie;
detaillierte bibliografische Daten sind im Internet
über http://dnb.dnb.de abrufbar.*

© *2015 Juergen von Rehberg*

*Herstellung und Verlag: BoD – Books on Demand,
Norderstedt*

ISBN: 978-3-7347-6932-0

Inhaltsverzeichnis

Die Leichtigkeit des Seins…………………	7
Eine kleine, weiße Blume…………………	8
Der Wein…………………………………	10
Ein Mägdelein namens Isolde……………	11
Der Furz…………………………………	12
Zugluft……………………………………	13
Caféhaus-Impressionen…………………	14
Ballade vom lieben Mägdelein……………	16
Credo………………………………………	17
Dämmerung………………………………	18
Der Herbst………………………………	20
Golf………………………………………	21
Zwiegespräch zweier Martinigänse………	23
Trilogie vom Leben und Sterben	
Teil 1: Lass mich leben…………………	25
Teil 2: Lass mich sterben………………	26
Teil 3: Ein schöner Tod…………………	27
Der Kreis…………………………………	28
Nächtliche Ruhestörung…………………	29
Kreislauf der Jahreszeiten………………	31
Herbstlicher Irrtum………………………	33
Einen Tag vor Heiligabend………………	35

Sonnenqualen..................................... 37
Der alte Indianer................................ 38
Europa in 8 Tagen............................. 40
Beim Heurigen.................................. 42
Gedanken zur Weihnacht..................... 43

Die Leichtigkeit des Seins

Im Leben geht es rauf und runter,
und manchmal scheinbar gar nicht mehr;
und die so sehr erhofften Wunder,
sie kommen selten nur daher.

So sehr wir uns auch drehn und wenden,
wir machen es uns selbst meist schwer;
wenn wir die rechte Mitte fänden,
so manches sicher leichter wär.

Der Mensch bedenke schon beizeiten,
was ihm von Herzen wichtig ist;
er ändre seine Wertigkeiten,
bevor er ganz darauf vergisst.

Man nehme Achtung und Vertrauen,
dazu ein Quäntchen Fröhlichkeit;
gelegentlich auf andre schauen,
und für das alles recht viel Zeit.

Zum Schluss, das sei ja nicht vergessen,
das Wichtigste, noch schnell hinein;
die Liebe, viel und reich bemessen,
so sollt die rechte Mischung sein!

Eine kleine weiße Blume,

Eine kleine weiße Blume,
das ist alles was mir blieb;
und ein Buch mit leeren Blättern,
das ein träumend Herz mir schrieb.

Doch die Zeit heilt alle Wunden,
denn die Zeit, sie bleibt nicht stehn;
und die Träume sind entschwunden,
die nicht in Erfüllung gehn.

Jetzt geh ich mit bangem Herzen
durch das Leben wie ein Kind;
fürchte mich vor Liebesschmerzen,
die so hart und grausam sind.

Und dann fang ich an zu denken,
frag mich, was ich falsch gemacht;
wollte doch nur Liebe schenken,
hab an andres nicht gedacht.

Doch die Liebe muss man lernen,
auch mit Kopf, nicht nur mit Herz;
denn der Weg hin zu den Sternen
führt nicht immer himmelwärts.

Eine kleine weiße Blume,
das ist alles was mir blieb;
und ein Buch mit leeren Blättern,
das ein träumend Herz einst schrieb.

Meine Blume wird verwelken,
ohne Klagen, sanft und still,
und das Buch, es bleibt verschlossen,
weil es niemand lesen will.

Der Wein

Wenn ich so mein Gedanken lenke,
was wichtig mir, so fällt mir ein;
wohl eins der köstlichsten Geschenke
aus Gottes Hand, das ist der Wein.

Es wachsen an verschied'nen Orten,
speziell bei uns in der Wachau;
ganz unterschiedlich viele Sorten,
in grün, in gelb und auch in blau.

Das ganze Jahr fast sieht man stehen
im Weinberg Menschen, die bemüht,
dass Trauben einst aus dem entstehen,
was eben noch so schön geblüht.

Und das bei Regen, Schnee und Sonne.
Man schaut zum Himmel jeden Morgen,
nur dass der Hagel ja nicht komme;
das ist die größte aller Sorgen.

Dann ist es Herbst, jetzt fährt man ein
den Lohn der Arbeit eines Jahres;
aus Trauben, frisch gepresst, wird Wein,
ist das nicht etwas Wunderbares?

Ein langer Weg ist nun zu Ende:
Von der Rebe in die Presse,
von der Presse in das Fass,
wo er erst mal Ruhe fände,
bis er endlich kommt ins Glas.

Ein Mägdlein namens Isolde

Ein Mägdlein namens Isolde,
die wusste nie, was sie wollte.
Wenn wir am Samstag tanzen gingen,
verliebt fest aneinander hingen,
da drängte sie in mich hinein;
beim nächsten Mal, da ließ sie `s sein.

Das nervte mich, das war nicht schön,
so konnt` es nicht mehr weiter gehn,
mal nah, mal fern, mal hin, mal her,
ich sagt' zu ihr: „Ich kann nicht mehr,
ich fühl nur noch Verdruss;
drum mache ich jetzt Schluss!"

Jetzt bin ich wieder ganz allein
und such` ein neues Mägdelein.
Was ich am liebsten wollte?
Kein Mägdlein wie Isolde!

Der Furz

Es ist wohl auf der Welt so Sitte,
dass – ganz egal, wohin man sieht –
gelegentlich aus Leibes Mitte
ein Unheil sich zusammen zieht.

Anfänglich klein und unbeengt,
wächst es heran, ganz sacht und stet;
bis es mit Macht nach draußen drängt,
und sich mit lautem Knall entlädt.

Zu Luthers Zeiten – ohn` Bedenken –
der Leib tat seine Botschaft kund;
je nach Bedarf, da konnt` man lenken
die Luft durch Hintern oder Mund.

Wer heute schmerzerfüllet stöhnet,
weil ihm der Leib mit Luft gefüllt;
der hält zurück, weil höchst verpönet
ein solch` Benehmen ist und gilt.

Ach ja, es ist fürwahr nicht leicht,
und es betrübt gar sehr den Sinn;
wenn so was durch die Gänge schleicht,
und man nicht weiß damit – wohin?

Man tut sich schwer ihn zu benennen,
es nennt ihn „Putsch" das kleine Kind;
die Damen der Gesellschaft kennen
ihn sinnverwirrend auch als „Wind".

Ich nenne ihn prägnant und kurz
aus vollem Herzen einfach „Furz"

„Zugluft"

Ein Vöglein flog auf Schienenwegen,
von Herzen froh, gut aufgelegt;
da kam ein Zug ihm rasch entgegen
und hat es schwups hinweg gefegt.
Es war des Vögleins letzter Flug,
weil es die „Zugluft" nicht vertrug…

Caféhaus-Impressionen

Schwerlich will es mir nur glücken,
was ich fühl´ in diesem Raum
schlicht in Worten auszudrücken...
ähnlich einem schönen Traum.

Hier, im „Café Schwarz" mit Namen,
wo das Schöne einfach stimmt;
wo sich Geist und Seele laben,
und die Zeit sich Zeit noch nimmt.

Dort, wo Sinne einverleiben,
was sich ihnen prächtig zeigt;
Lebenslust auf Fensterscheiben
und Kleinodien, fein verzweigt.

Menschen, die den Raum betreten,
ändern sich nach kurzer Zeit;
hört man ihnen zu beim Reden,
scheinen plötzlich sie befreit.

Wichtiges ist nicht mehr wichtig,
jede Eile, sie entflieht;
bisher Falsches ist nun richtig,
weil man alles anders sieht.

Ja, es ist das Flair des Raumes,
das sich auf die Seele legt;
wie die Blätter eines Baumes,
die vom Winde sacht bewegt.

*(Das Caféhaus, das ich meine, befindet
sich in einer schwäbischen Kleinstadt.)*

Ballade vom lieben Mägdelein

Ich kenn ein liebes Mägdelein,
das in mir drinnen wohnt;
bei Tag ist sie der Sonnenschein,
bei Nacht ist sie der Mond.

Mein Herz will beinah übergeh'n,
und manchmal fass ich 's kaum;
was ist denn nur mit mir gescheh'n,
ich lebe wie im Traum.

Doch meine Liebe will sie nicht,
will Gold und Edelstein;
so sehr mein Herz von Liebe spricht,
ihr Mund sagt einfach nein.

Nun weint mein Herz gar bitterlich
und schweigt fortan fein still;
das süße Wort „ich liebe dich"
es nie mehr sagen will.

Ich kannt' ein liebes Mägdelein,
das schönste, das es gab;
ließ mich mit meiner Lieb allein,
ward meines Herzens Grab.

Credo

Glücklich macht es mich zu wissen,
dass es einen Herrgott gibt;
und ich möcht es nie mehr missen,
das Gefühl, dass er mich liebt.

Weiß ich nicht, wohin vor Sorgen,
hilft er mir aus meiner Not;
er nimmt mir die Angst vor "morgen"
und vor dem, was mich bedroht.

Ja, auf ihn will ich vertrauen,
furchtlos in die Zukunft schauen;
alles, was er mir beschert,
das hat Sinn und ist von Wert.

Vater, eines wünsch ich mir:
"Mach mir bitte zum Geschenk,
dass ich auch in guten Zeiten
dankbar bin und an dich denk!"

Dämmerung

Wenn ein neuer Tag ansetzt,
Vöglein singen Lieder,
Morgentau die Felder netzt,
legt die Nacht sich nieder.

Es vollzieht des Schöpfers Wille
sich vor unsrem Angesicht;
doch schon bald, da weicht die Stille;
doch der Mensch bemerkt es nicht.

Geschäftige Betriebsamkeit,
lärmerfülltes Allerlei;
alles schnell, und keine Zeit,
bis der Tag vorbei.

Wenn der Tag im letzten Licht,
und die Dunkelheit erwacht;
zeigt die Dämm`rung ihr Gesicht,
führt uns in die Nacht.

Sie ist Mittler zwischen beiden,
weil sie trennt und auch vereint;
ach, ich mag von Herzen leiden
sie, die mir so friedvoll scheint.

Abendrot und Morgensonne,
wer sie je bewußt erlebt,
fühlt im Herzen eine Wonne,
die ihn sanft vom Boden hebt.

Heiß durchströmt sie uns mit Glück,
dringt tief in die Seele ein;
und für einen Augenblick
lässt sie uns voll Demut sein.

Der Herbst

Wenn die Natur färbt Flur und Wälder,
die Tage nehmen deutlich ab;
wenn Nebelschwaden ziehen durch die Felder,
dann sinkt der Sommer in sein Grab.

Wenn Zweig um Zweig von Blättern leer,
was grad noch grün – jetzt welk, verblüht,
durchdringt Natur morbider Flair,
und greift gar manchem ins Gemüt.

Und jeder Tag, an dem die Sonne
mit Macht durch dichte Wolken dringt;
verschafft uns jene süße Wonne,
die macht, dass unsre Seele singt.

Von den verschied`nen Jahreszeiten
hat eine jede ihr Gesicht;
wollt nur mehr eine mich begleiten,
fänd ich `s nicht schön - das wollt ich nicht.

Golf

Golf ist ein Sport für Jung und Alt,
für Dünn gleichwohl für Dick;
entscheidend ist nicht die Gestalt,
entscheidend ist Geschick.

Man nimmt den runden, weißen Ball,
legt ihn auf ein Gestell;
und haut mit einem lauten Knall
fest drauf und auch sehr schnell.

Die richt`ge Richtung muss es sein,
in die die Kugel fliegt;
es stellt sich große Freude ein,
wenn er am Fairway liegt.

Ein zweiter Schlag steht nun bevor,
der muss aufs Grün jetzt gehn;
doch ruft ein Marshal lauthals „Fore",
dann ist ´s auch schon geschehn.

Denn dieser Schlag war nicht so toll,
hätt beinah wen erschlagen;
der Ball liegt nicht da, wo er soll,
es platzt beinah der Kragen.

Doch das darf keinesfalls geschehn,
die Etikette rät;
der Golfer muss stets drüber stehn,
man ärgert sich diskret.

So spielt man, bis der Ball im Loch,
erleidet Höllenqual;
doch irgendwann, da fällt er doch,
er hat ja keine Wahl.

Golfen ist zu jeder Stund
ein Kampf, der voller List;
gegen einen Schweinehund,
der meistens stärker ist…

Zwiegespräch zweier Martinigänse

Ich bin so schön, so wunderschön,
vollkommen die Statur;
ich bin, man kann es deutlich sehen
ein Prachtstück der Natur.

Voll Harmonie von Kopf Schwanz,
das Federkleid très chic,
mein Gang von höchster Eleganz,
betörend auch mein Blick.

Das stellt sich mir ganz anders dar,
so bist du keinesfalls;
es ist bei dir, ganz offenbar
der Schwanz zu kurz, zu dick der Hals.

Dein Federkleid nur grau in grau,
das ist nicht wirklich schön,
wenn ich hingegen mich anschau,
das lässt sich eher sehn.

Du bist gemein, ich hasse dich,
das ist doch purer Neid,
ich weiß genau, es schmücket mich
mein grau meliertes Kleid.

Sei nicht beleidigt, bleib doch stehn,
ich will doch keinen Streit,
du bist ja doch, genau beseh`n
sehr hübsch in deinem Kleid.

Das bringt mir Freude für und für,
der Streit war wirklich dumm,
Martini steht schon vor der Tür
dann ist das Leben um.

Das Schicksal sieht nun einmal vor
ein Leben, das nicht lang;
jetzt geht es ab ins Ofenrohr,
mir ist schon angst und bang.

Ach was; komm lass und lustig sein,
bevor wir nieder sinken,
ich lade dich ganz herzlich ein,
wir gehen einen trinken.

Nun denn, wohlauf, so soll es sein,
bis in den Tod verbunden,
und dreht man uns den Hals bald um,
so kümmern wir uns nicht darum.
es mögen unsere Gebein,
den Menschlein köstlich munden.

(*Martinigansl-Essen in Langenlois 2006*)

Trilogie vom Leben und Sterben

Teil 1 – Lass mich leben

Was mein Leben mir beschieden,
ist die Angst vor meinem Tod
und der Wunsch nach inn'rem Frieden
und nach einem Morgenrot.

Man verlangt von mir zu geben,
was ich gern behalten möcht:
mein verpfuschtes, kurzes Leben…
„Lieber Gott, das ist nicht recht!"

Worin liegt denn mein Verschulden?
Bitte lass es mich erfahren,
wenn ich schon den Tod soll dulden
viel zu früh, so jung an Jahren.

Doch das wäre zu vermessen…
So hol mich, Tod, ich schlage ein;
habe ich auch nie ermessen,
was es heißt ein Mensch zu sein.

Trilogie vom Leben und Sterben

Teil 2– Lass mich sterben

Jeden Tag dieselben Schmerzen
und ich frag mich, muss das sein,
und ich wünsche mir von Herzen,
dass der Tod sich bald stellt ein.

Warum soll ich weiterleben,
alles liegt so weit zurück;
Neues kann es nicht mehr geben,
sterben wär mein größtes Glück.

Lieber Gott, mach dem ein Ende,
schenke mir die letzte Ruh,
dass der Tod bald zu mir fände,
schließe mir die Augen zu.

Trilogie vom Leben und Sterben

Teil 3– Ein schöner Tod

Herr, ich sag`s dir schon beizeiten,
bitte halt` dies evident,
dass ich keinesfalls möcht` leiden,
wenn mein Leben einst zu End.

Weißt du, was ich super fände?
O mein Gott, das wäre fein,
wenn du unbemerkt mein Ende
gäbest mir im Schlafe ein.

Keine Qualen und kein Schmerz,
auf so etwas ich gern verzicht;
plötzlich stillsteh'n soll mein Herz,
hörst du Gott, mehr will ich nicht.

Geht mein Leben einst zu Ende,
falt in Demut ich die Hände
und ich krieg vom lieben Gott:
„…einen schönen sanften Tod".

Der Kreis

Wenn wir diese Welt betreten,
sind wir noch sehr klein;
können gehen nicht, noch reden,
sind nicht „stubenrein".

Osterhase - Christuskind,
sind uns wohlbekannt;
weil wir reinen Herzens sind,
bei mäßigem Verstand.

Wen wir etwas älter sind,
fällt er weg der Brauch;
vom geliebten Christuskind
und vom Hasen auch.

Was in fernen Kindertagen
wundersam und kostbar war:
Feen, Riesen, Märchen, Sagen -
plötzlich ist es nicht mehr wahr...

Erst im Alter kehren wieder,
Osterhase , Christuskind,
längst vergess 'ne Kinderlieder,
weil wir wieder nahe sind
dem Gefühl, als klein wir waren;
vor so vielen, vielen Jahren.

Nächtliche Ruhestörung

Es lärmet laut die Grille…
Sie tut `s, weil es ihr Wille.
Sie wetzt ihr Hinterteil dabei,
setzt penetrante Töne frei
und zirpt auch noch dazu;
sie stört meins Schlafes Ruh!

Es mehret sich Verdruss…
Würd ich nur habhaft der Gestalt,
bei Gott, sie würde nicht sehr alt;
ich würgt` sie mit Genuss.
Den Leichnam schmiss ich auf den Mist,
weil mir die Nachtruh` heilig ist.

Die Frage stellet sich mit Macht…
Was soll mit denen werden,
den Menschlein, die so manche Nacht
sich lärmerfüllt gebärden?
Man kann sie doch nicht würgen,
das wäre auch nicht Recht;
doch möcht ich dafür bürgen,
wohl mancher gern das möcht…

Und schuld ist nur der Regen…
Käm er ab 12 Uhr nachts daher
und schien bei Tag die Sonne sehr,
dann wär `s fürwahr ein Segen.

Die Nachtruh wäre ungestört,
weil man das Viech nicht hört,
das trotzdem draußen sich aufhält.
So friedvoll wär die Welt.

Doch weil das Wetter spinnert ist,
am besten alles man vergisst.
Und jeder lärm` nach seinem Willen;
die Menschen gleichwohl wie die Grillen.

Kreislauf der Jahreszeiten

Schneebedeckt sind Baum und Ast,
steif und starr die Zweige;
auf dass uns unser lieber Gast
all sein Können zeige.

Kinderaugen leuchten hell,
flehentlich sie bitten,
dass man ihnen hole schnell
Eislaufschuh und Schlitten.

Mantel, Schal, die Mütze auf,
und die Schuh, die warmen;
Handschuh, um in flottem Lauf
den Winter zu umarmen.

Wintertag, trotz deiner Kürze,
machst du uns die Herzen weit;
deine Luft ist voller Würze,
sei willkommen, kalte Zeit.

Doch schon bald, ihr werdet sehen,
ist des Winters Zeit vorbei;
kehrt zurück in luft`ge Höhen,
gibt uns Feld und Wiesen frei.

Bächlein sieht man wieder fließen,
sanftes Grün erwacht;
Knospen aus den Zweigen sprießen,
kürzer wird die Nacht.

Frühling kommt und geht so schnell,
eh man sich `s versieht,
ist die Sommerzeit zur Stell,
heiß die Sonne glüht.

Tage sind nun lichterfüllt,
alles eilt hinaus;
Lust auf Freiheit wird gestillt,
keiner bleibt im Haus.

Wenn der Wein beginnt zu reifen,
Krähen singen ihr *„Krakra"*;
hört man `s von den Dächern pfeifen,
dass der Herbst nun da.

Blätter gleiten sanft zur Erde,
Raureif färbt sie weiß;
dass das Jahr vollkommen werde,
schließt sich nun der Kreis.

Herbstlicher Irrtum

Der Herbst

Nun ist er da, der Herbst – hurra!
Er färbt die ganzen Blätter bunt
und kürzt die Tage Stund-um-Stund,
so lang, bis ich Geburtstag hab...
Dann nehmen lange Nächte ab
und Tage wieder zu – juhu!

Auch der Herbst

Wie schon gesagt, nun ist er da,
der Herbst – nochmals hurra!
Der Herbst soll mir gepriesen sein,
frohlocket, jauchzet laut!
Jetzt gibt es Sturm und neuen Wein,
und Gansel, Knödel, Kraut...
Vielleicht ein Schnapserl noch dazu,
da sagt der Magen laut: Juhu!

Immer noch der Herbst

Noch einmal sag ich nicht „Hurra!"
Der Herbst, nun ist er da!
Der Herbst beschert uns Nebelreißen,
es weht ein Hauch Melancholie;

die Bächlein manchmal schon vereisen,
es klemmt die Hüfte – schmerzt das Knie...
Doch wenn man es genauer nimmt:
Der nächste Frühling kommt bestimmt!
Hurra, hurra, hurra!!!

Nachtrag:

Ich merkt es erst beim Probelesen,
ich tat die Jahreszeiten mischen...
Hab Sommer, Winter glatt vergessen;
die kommen noch dazwischen!

Entschuldigung!

Einen Tag vor Heiligabend

Verschwunden ist er, über Nacht,
der Schnee, der gestern uns gebracht,
zu machen unsre Herzen weit;
die Freude währte kurze Zeit.

Ja, wenn das Christkind stellt sich ein,
so ist´s seit vielen Jahren Brauch,
muss schneebefreit die Erde sein.
Nach Frühling strebt so mancher Strauch.
Statt weiß, die Landschaft, ist sie grün,
und Knospen drängen schon zu blüh´n.

Die Alten sprechen, Jahr für Jahr,
dass früher alles besser war.
Das war es nicht, auf keinen Fall;
doch anders war es allemal.

Der Frost kam pünktlich im November,
der Schnee, der folgte im Dezember.
Erhalten blieb die weiße Pracht,
bis dass der Frühling kam mit Macht.
Das dauerte bis März/April;
heut macht das Wetter, was es will.

Man kann es drehen, wie man möcht,
dass unser Wetter gar so schlecht,
das ist des Menschen Schuld allein;
ach, könnt er doch vernünft´ger sein.

Statt Jagd nach Macht und nach Moneten,
vielleicht gelegentlich mal wieder beten,
auf wahre Werte sich besinnen
und Einkehr halten in sich drinnen.

Sich von den falschen Göttern wenden,
die täglich locken und verführen,
die Unersättlichkeit beenden,
den Sinn des Lebens wieder spüren.

Ein Tag ist´s nur zur Heil' gen Nacht,
die ohne Schnee uns wohl bedacht.
Und wenn kein Wunder mehr geschieht,
uns keine „weiße Weihnacht" blüht.

Vielleicht, wenn wir uns recht besinnen
und just zur Heil´gen Nacht beginnen
uns von Konsumrausch zu befreien,
wird´s auch zu Weihnacht wieder schneien...

(23. Dezember 2012)

Sonnenqualen

Es schleppte sich auf dem Asphalt,
entlang an Häuserwand,
ein müdes Tier, das sprach zu sich:

Bin ich nicht bald im kühlen Wald,
sind meine Füßlein mir verbrannt,
dank heißer Sonnenqualen…

Ich brauche, schnell und unbedingt,
auch wenn es manchem komisch klingt,
ein schönes Paar Sandalen.

Vielleicht auch einen Sonnenhut,
weil der dem Kopfe wohlig tut,
das wär fürwahr ein Segen…

Doch halt! Das muss ich überlegen,
sonst könnte durchaus mir geschehen,
wenn mich die anderen so sehen,
dass überall man hört im Wald:
„Mein Gott, jetzt ist sie durch geknallt!"

Ach was, ich lass es lieber sein,
und creme mir beim nächsten Mal
zuvor die Füßlein richtig ein,
das schützet mich vor Sonnenqual…

*(Eine Eidechse auf der Uferstraße in Krems hebt
abwechselnd ihre Füße vom heißen Asphalt ab)*

Der alte Indianer

Es sprach einst ein Indianer
von hagerer Gestalt:
Es schmerzen mich die Baner*,
ich glaube, ich werd alt.

Des Häuptlings schöne Tochter
sprach zu dem alten Mann:
Ich weiß genau, Potschochter**,
was man da machen kann.

Da lächelt der Indianer.
„Ich dank dir schöne Maid
im Namen meine Baner,
die das besonders freut."

Vom Skunk nimmst du die Drüsen
und schneidest sie ganz klein,
vermischt mit Krähenfüßen
und reibst dich damit ein.

Und sollte das nichts bringen,
dann hilft ganz sicher dies:
von einem Felsen springen,
und ab ins Paradies.

Der Mann mit grauer Mähne,
ein Lächeln macht sich breit;
es blitzen seine Zähne,
sie sind nur noch zu zweit.

„Dank dir, du scheues Reh,
du hast es gut gemeint,
ich bin, wenn ich einst geh,
mit Manitu vereint."

So sprach der Herr Indianer,
und sprang von Felsenhöh;
er brach sich alle Baner,
jetzt tun sie nicht mehr weh.

* Baner = Knochen
** Potschochter = Tollpatsch

Europa in 8 Tagen

Es ging ein Mann, ein eher klaner,
er war vom Stamme der Japaner,
mit seinem Schatzi an der Hand
aufs Schiff am schönen Donaustrand.

Der Zweck der Fahrt war zu erkunden
die Wachau in ein paar Stunden,
und sie waren kaum an Bord:
Knipsi hier und knipsi dort.

Rechts und links gar viele Burgen,
Domizil einst schlimmer Schurken,
die das Geld und Leben nahmen
Menschen, die des Weges kamen.

Heute ist es recht und billig,
dass die Menschen ausgeraubt;
doch sie machen es freiwillig,
daher sei es auch erlaubt.

Als die Fahrt dem End sich neigt,
eine Müdigkeit sich zeigt,
kleiner Mann –Schatz an der Hand,
wandert nun durch `s Träumeland.

Seit der Früh sind sie schon munter,
und so ist es auch kein Wunder,
dass der Schlaf sie fort gerissen,
denn man muss noch eines wissen:

Das Motto hieß für diese Reise:

„**Ein jeder sollte einmal wagen
ganz Europa in acht Tagen
zu einem supertollen Preise.**"

Beim Heurigen

Den Zauber eines schönen Traumes,
erlebte ich zur Sommerszeit;
unter dem Schatten eines Baumes,
umfing mich holde Weiblichkeit.

Zwei Frauen nahm ich den Arm,
o wonnevoller Freudentag;
so sehr ward mir `s ums Herze warm,
dass ich `s zu sagen nicht vermag.

Dazu ein Krug mit kühlem Wein,
ein Bratenstück, wohl recht gegart,
da sag ich „Amen - so soll `s sein",
das nenn ich feine Lebensart.

Und Freya, unser treuer Schäfer,
lag uns zu Füßen – stets Habacht;
kein Tier ward jemals schöner, bräver,
hat stets viel Freude uns gemacht.

Sie ist schon lang von uns gegangen;
auch Sonja, die noch viel zu jung.
Wir sind an beiden sehr gehangen;
was bleibt – ist die Erinnerung...

(Im lieben Gedenken an einen schönen Heurigennachmittag mit meiner Liebsten und einer gemeinsamen, lieben Freundin, die leider viel zu jung verstorben ist.)

Gedanken zur Weihnacht

Die „Stille Zeit", so nannte man
die Tage im Advent;
das dieses nicht mehr stimmen kann,
an vielem man erkennt.

Die Weihnachtszeit, es ist ein Hohn,
ist lang schon nicht mehr still;
beginnt meist im September schon,
weil es die Wirtschaft will.

Dann gibt es schon den Nikolo
in Stanniol versponnen;
drum singet all und seid recht froh,
denn Weihnacht hat begonnen.

Bing Crosby trällert „Jingle Bells",
wenn fröhlich Kassen klingen,
den Warenhäusern wohl gefällt`s,
wenn Kunden Euros bringen.

Wie gerne denk ich noch daran,
an längst vergang`ne Zeit;
Weihnacht fing Dezember an
und da hat `s auch geschneit.

Kein Weihnachtsmann gab `s, ho, ho,ho,
der durch die Medien pflügt,
nur Christkind und den Nikolo
und das hat voll genügt.

Es ist - ich denk - der Zeiten Lauf,
was war, ist nicht mehr da;
der Zahn der Zeit frisst alles auf,
und kommt aus USA.

Wer seine Muttersprache schmäht,
verleugnet die Kultur;
wenn „denglisch" durch die Lande weht,
zeigt „fünf vor zwölf" die Uhr.
Wer diesen Irrweg nicht verlässt,
trägt bei, wenn alles futsch...

In diesem Sinn **„Ein frohes Fest!"**
und **„Einen guten Rutsch!"**